Impressum
Verlag: BABADADA GmbH, Nedderfeld 112 , 22529 Hamburg
Geschäftsführer / Verlagsleitung: Harald Hof
Druck: Books on Demand GmbH, In de Tarpen 42, 22848 Norderstedt

Imprint
Publisher: BABADADA GmbH, Nedderfeld 112 , 22529 Hamburg, Germany
Managing Director / Publishing direction: Harald Hof
Print: Books on Demand GmbH, In de Tarpen 42, 22848 Norderstedt, Germany

المدرسة

Schule

القسم
Klassenzimmer
يقسم
dividieren
186/2
اللوح
Tafel
Schulhof
المعلّم
Lehrer
ورقة
Papier
يكتب
schreiben
القلم
Stift
طاولة المكتب
Schreibtisch
المسطرة
Lineal
الكتاب
Buch
التلميذ
Schüler

الحقيبة المدرسية
....
Ranzen

المقلمة
....
Federmappe

قلم الرصاص
....
Bleistift

البرّاية
....
Bleistiftanspitzer

المِمحاة
....
Radiergummi

دفتر الرسم
....
Zeichenblock

2

الرسمة

Zeichnung

الفرشاة

Pinsel

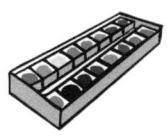

علبة التلوين

Malkasten

المقص

Schere

المادة اللاصقة

Klebstoff

دفتر التمارين

Übungsheft

الواجب المدرسي

Hausaufgabe

الرقم

Zahl

يجمع

addieren

يطرح

subtrahieren

يضرب

multiplizieren

يحسب

rechnen

الحرف

Buchstabe

الأبجدية

Alphabet

كلمة

Wort

النص

Text

يقرأ

lesen

الطبشور

Kreide

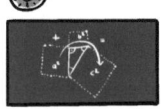

الحصة

Stunde

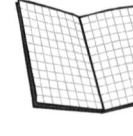

دفتر الدوام المدرسي

Klassenbuch

الامتحان

Prüfung

شهادة

Zeugnis

اللباس المدرسي

Schuluniform

التعليم

Ausbildung

الموسوعة

Lexikon

الجامعة

Universität

المِجهر

Mikroskop

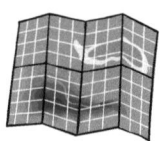

الخريطة

Karte

قماما

Papierkorb

سفر

Reise

فندق
Hotel
بيت الشباب
Herberge
مكتب صرافة
Wechselstube
حقيبة
Koffer
سيارة
Auto

اللغة

Sprache

نعم / لا

ja / nein

حسناً

Okay

مرحباً

Hallo

مترجم

Übersetzer

شكراً

Danke

كم ثمن ... ؟

Was kostet…?

لا أفهم

Ich verstehe nicht

مشكلة

Problem

مساء الخير

Guten Abend!

صباح الخير!

Guten Morgen!

ليلة سعيدة

Gute Nacht!

إلى اللقاء

Auf Wiedersehen

اتجاه

Richtung

أمتعة السفر

Gepäck

حقيبة

Tasche

حقيبة ظهر

Rucksack

ضيف

Gast

غرفة

Zimmer

كيس للنوم

Schlafsack

خيمة

Zelt

استعلامات سياحية

Touristeninformation

شاطئ

Strand

بطاقة ائتمان

Kreditkarte

إفطار

Frühstück

طعام الغداء

Mittagessen

العشاء

Abendessen

بطاقة سفر

Fahrkarte

مصعد

Fahrstuhl

طابع بريدي

Briefmarke

حدود

Grenze

الجمارك

Zoll

سفارة

Botschaft

تأشيرة

Visum

جواز سفر

Pass

نقل

Transport

طائرة
Flugzeug
سفينة
Schiff
سيارة إطفاء
Feuerwehrauto
حافلة
Bus
سيارة شاحنة
Lastwagen
زورق آلي
Motorboot
درّاجة
Fahrrad
سيارة
Auto

عبارة

Fähre

قارب

Boot

دراجة نارية

Motorrad

سيارة شرطة

Polizeiauto

سيارة سباق

Rennauto

سيارة مستأجرة

Mietwagen

أسلوب تشاركي في استئجار السيارات

....

Carsharing

سيارة للجر

....

Abschleppwagen

سيارة نقل القمامة

....

Müllauto

محرك

....

Motor

وقود

....

Kraftstoff

محطة وقود

....

Tankstelle

إشارة مرور

....

Verkehrsschild

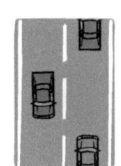

حركة السير

....

Verkehr

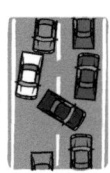

ازدحام سير

....

Stau

موقف سيارات

....

Parkplatz

محطة قطار

....

Bahnhof

سكك حديدية

....

Schienen

قطار

....

Zug

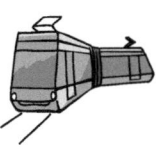

ترام

....

Straßenbahn

عربة قطار

....

Wagon

طائرة مروحية
....
Helikopter

مطار
....
Flughafen

برج
....
Tower

مسافر
....
Passagier

حاوية
....
Container

علبة كرتون
....
Karton

عربة يد
....
Karren

سلة
....
Korb

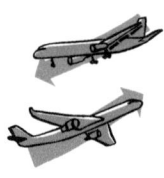

يقلع / يهبط
....
starten / landen

مدينة

Stadt

قرية
....
Dorf

مركز المدينة
....
Stadtzentrum

بيت
....
Haus

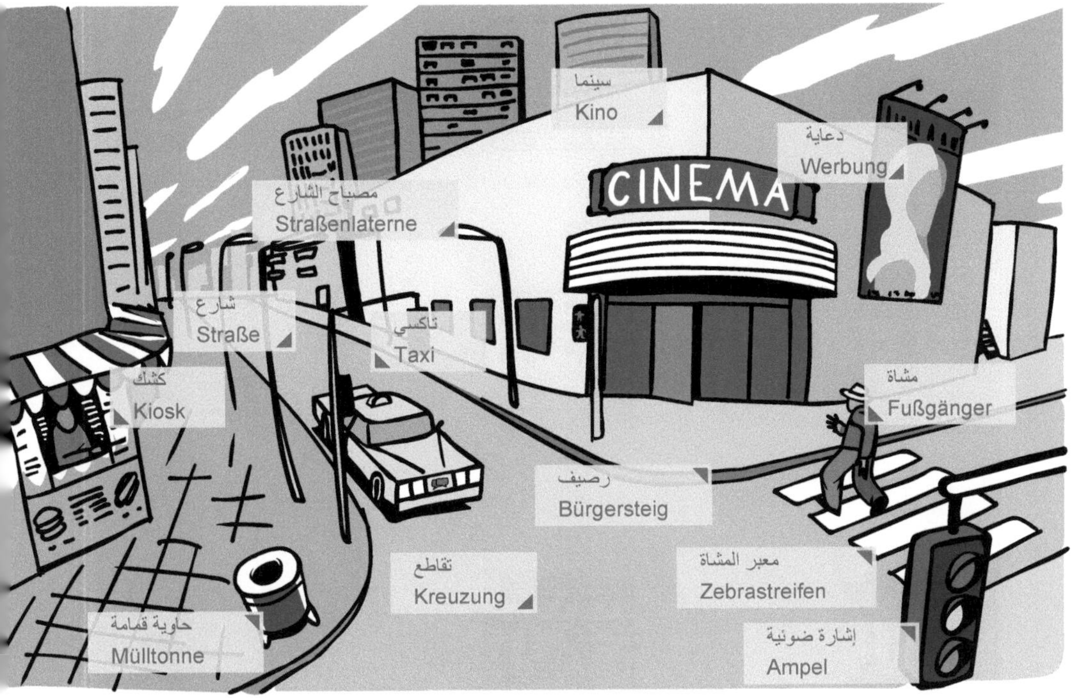

سينما
Kino

دعاية
Werbung

مصباح الشارع
Straßenlaterne

شارع
Straße

تاكسي
Taxi

كشك
Kiosk

مشاة
Fußgänger

رصيف
Bürgersteig

تقاطع
Kreuzung

معبر المشاة
Zebrastreifen

حاوية قمامة
Mülltonne

إشارة ضوئية
Ampel

كوخ
Hütte

شقة
Wohnung

محطة قطار
Bahnhof

دار البلدية
Rathaus

متحف
Museum

المدرسة
Schule

الجامعة

Universität

مصرف

Bank

المستشفى

Krankenhaus

فندق

Hotel

صيدلية

Apotheke

مكتب

Büro

مكتبة

Buchhandlung

متجر

Geschäft

محل لبيع الزهور

Blumenladen

سوبرماركت

Supermarkt

سوق

Markt

متجر كبير

Kaufhaus

تاجر السمك

Fischhändler

مركز تسوّق

Einkaufszentrum

ميناء

Hafen

حديقة عامة

Park

مقعد

Bank

جسر

Brücke

درج، سلم

Treppe

مترو

U-Bahn

نفق

Tunnel

موقف حافلات

Bushaltestelle

بار

Bar

مطعم

Restaurant

صندوق البريد

Briefkasten

لافتة باسم الشارع

Straßenschild

مقياس زمن الوقوف

Parkuhr

حديقة حيوانات

Zoo

مسبح

Badeanstalt

مسجد

Moschee

مزرعة

Bauernhof

تلوث البيئة

Umweltverschmutzung

مقبرة

Friedhof

كنيسة

Kirche

ملعب الأطفال

Spielplatz

معبد

Tempel

طبيعة ريفية

Landschaft

ورقة
Blatt

علامة إرشاد
Wegweiser

طريق
Weg

مرج
Wiese

حجر
Stein

شجرة
Baum

رحالة
Wanderer

نهر
Fluss

عشب
Gras

زهرة
Blume

وادٍ
....
Tal

جبل
....
Berg

بحيرة
....
See

غابة
....
Wald

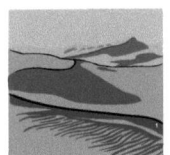

صحراء
....
Wüste

بركان
....
Vulkan

قلعة
....
Schloss

قوس قزح
....
Regenbogen

فِطر
....
Pilz

نخلة
....
Palme

بعوض
....
Moskito

ذبّانة
....
Fliege

نملة
....
Ameise

نحلة
....
Biene

عنكبوت
....
Spinne

خنفساء

Käfer

ضفدعة

Frosch

سنجاب

Eichhörnchen

قنفذ

Igel

أرنب

Hase

بومة

Eule

عصفور

Vogel

بجعة

Schwan

خنزير برّي

Wildschwein

غزال

Hirsch

إلكة

Elch

سد

Staudamm

دولاب الطاحونة الهوائية

Windrad

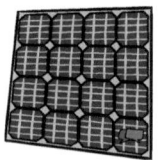

خلية شمسية

Solarmodul

مناخ

Klima

مطعم

Restaurant

نادل
Kellner
لائحة الطعام
Speisekarte
كرسي
Stuhl
حساء
Suppe
بيتزا
Pizza
أدوات المائدة
Besteck
غطاء المائدة
Tischdecke

مقبلات

Vorspeise

الصحن الرئيسي

Hauptgericht

حلوى أو فاكهة بعد الطعام

Nachspeise

مشروبات

Getränke

طعام

Essen

زجاجة

Flasche

وجبات سريعة

Fastfood

طعام الشارع

Streetfood

إبريق الشاي

Teekanne

علبة السكر

Zuckerdose

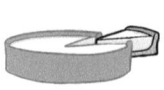

حصّة

Portion

آلة الإسبريسو

Espressomaschine

كرسي عالٍ

Hochstuhl

فاتورة

Rechnung

صينية

Tablett

سكين

Messer

شوكة

Gabel

ملعقة

Löffel

ملعقة الشاي

Teelöffel

منديل المائدة

Serviette

كأس

Glas

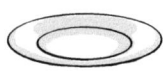

صحن
....
Teller

صحن الحساء
....
Suppenteller

صحن الفنجان
....
Untertasse

صلصة
....
Sauce

مملحة
....
Salzstreuer

مطحنة الفلفل
....
Pfeffermühle

خلّ
....
Essig

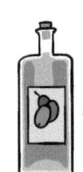

زيت الطعام
....
Öl

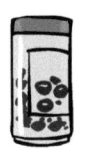

توابل
....
Gewürze

كتشاب
....
Ketchup

خردل
....
Senf

مايونيز
....
Mayonnaise

سوبرماركت

Supermarkt

عرض خاص
Angebot
زبون
Kunde
مشتقات الحليب
Milchprodukte
فواكه
Obst
عربة تسوق
Einkaufswagen

جزّار

Schlachterei

مخبز

Bäckerei

يزن

wiegen

خضار

Gemüse

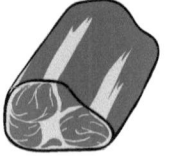

لحم

Fleisch

المأكولات المجمّدة

Tiefkühlkost

مرتدلا أو جبن

Aufschnitt

معلّبات

Konserven

مسحوق الغسيل

Waschmittel

حلويات

Süßigkeiten

المواد المنزلية

Haushaltsartikel

منظّفات

Reinigungsmittel

بائعة

Verkäuferin

صندوق الحساب

Kasse

أمين صندوق

Kassierer

قائمة المشتريات

Einkaufsliste

أوقات العمل

Öffnungszeiten

محفظة النقود

Brieftasche

بطاقة ائتمان

Kreditkarte

حقيبة

Tasche

كيس بلاستيكي

Plastiktüte

مشروبات
Getränke

ماء

Wasser

عصير

Saft

حليب

Milch

كولا

Cola

نبيذ

Wein

بيرة

Bier

كحول

Alkohol

كاكاو

Kakao

شاي

Tee

قهوة

Kaffee

قهوة إسبريسو

Espresso

كابوتشينو

Cappuccino

موزة

Banane

تفاح

Apfel

برتقال

Orange

بطيخ

Melone

ليمون

Zitrone

جزرة

Karotte

ثوم

Knoblauch

خيزران

Bambus

بصل

Zwiebel

فِطر

Pilz

لوزيات

Nüsse

شعيرية

Nudeln

سباغيتي

Spaghetti

أرزّ

Reis

سلطة

Salat

بطاطا مقلية

Pommes frites

بطاطا مقلية

Bratkartoffeln

بيتزا

Pizza

هامبورغر

Hamburger

ساندويش

Sandwich

شريحة لحم مقلية

Schnitzel

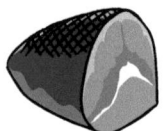

لحم خنزير

Schinken

سلامي

Salami

سجق

Wurst

دجاج

Huhn

لحم محمر

Braten

سمك

Fisch

دقيق الشوفان

Haferflocken

موسلي

Müsli

كورن فلكس

Cornflakes

طحين

Mehl

كرواسان

Croissant

خبز صغير

Brötchen

خبز

Brot

خبز محمص

Toast

بسكويت

Kekse

زبدة

Butter

لبن زبادي

Quark

كعكة

Kuchen

بيضة

Ei

بيض مقلي

Spiegelei

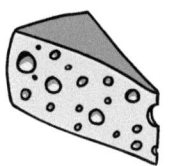

جبنة

Käse

مثلجات

Eiscreme

سكر

Zucker

عسل

Honig

مربّى الفاكهة

Marmelade

كريم النوغا

Nougat-Creme

الكاري

Curry

مزرعة
Bauernhof

بيت الفلاح
Bauernhaus
مخزن غلال
Scheune
رزمة من التبن
Strohballen
حقل
Feld
حصان
Pferd
مقطورة
Anhänger
جرار
Traktor
مهر
Fohlen
حمار
Esel
خروف
Schaf
خروف
Lamm

ماعز
Ziege

بقرة
Kuh

عجل
Kalb

خنزير
Schwein

خنزير صغير
Ferkel

ثور
Bulle

إوزّة
Gans

بطة
Ente

صوص
Küken

دجاجة
Huhn

ديك
Hahn

جرذ
Ratte

قطّة
Katze

فأر
Maus

ثور
Ochse

كلب
Hund

كوخ الكلب
Hundehütte

خرطوم الحديقة
Gartenschlauch

إبريق
Gießkanne

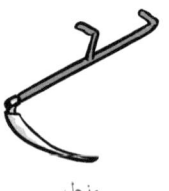

منجل
Sense

المحراث
Pflug

منجل

Sichel

معزقة

Hacke

مذراة الزبل

Mistgabel

بلطة

Axt

عربة يد

Schubkarre

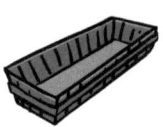

معلف

Trog

صفيحة الحليب

Milchkanne

كيس

Sack

سياج

Zaun

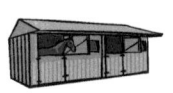

اصطبل

Stall

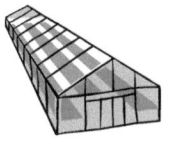

دفيئة

Treibhaus

تربة

Boden

بذور

Saat

سماد

Dünger

حصّادة درّاسة

Mähdrescher

يحصد
....
ernten

محصول
....
Ernte

بطاطا يامس
....
Yamswurzel

قمح
....
Weizen

صويا
....
Soja

بطاطا
....
Kartoffel

ذرة
....
Mais

سلجم
....
Raps

شجرة فاكهة
....
Obstbaum

نبات منيهوت
....
Maniok

الحبوب
....
Getreide

بيت
Haus

مدخنة
Schornstein
سقف
Dach
مزراب
Regenrinne
نافذة
Fenster
جرس الباب
Klingel
مرآب
Garage
باب
Tür
قمامة
Mülleimer
صندوق البريد
Briefkasten
حديقة
Garten

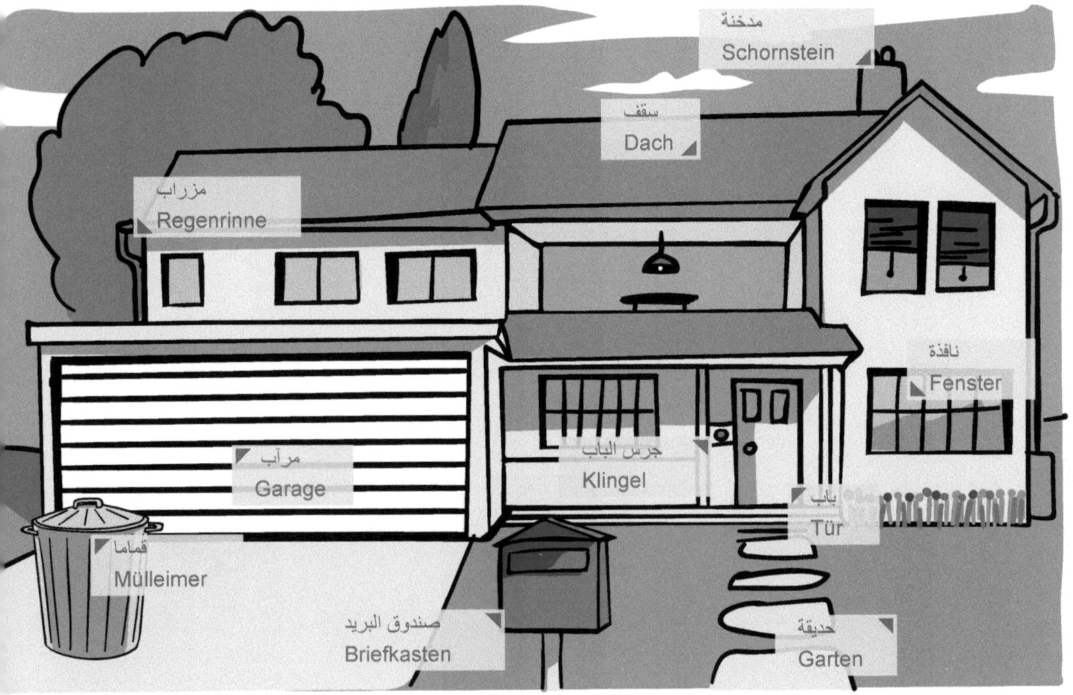

غرفة جلوس

Wohnzimmer

الحمّام

Badezimmer

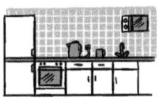

مطبخ

Küche

غرفة النوم

Schlafzimmer

غرفة الأطفال

Kinderzimmer

غرفة الطعام

Esszimmer

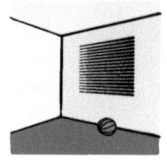

أرضية
....
Boden

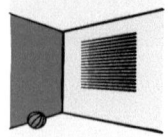

حاِط
....
Wand

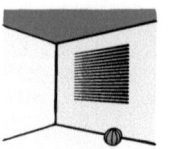

سقف
....
Decke

قبو
....
Keller

ساونا
....
Sauna

بلكون
....
Balkon

شرفة
....
Terrasse

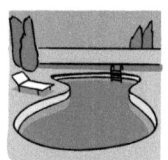

مسبح
....
Schwimmbad

جزّازة العشب
....
Rasenmäher

بياضات السرير
....
Bettbezug

بطانية
....
Bettdecke

سرير
....
Bett

مكنسة
....
Besen

سطل
....
Eimer

مفتاح كهربائي
....
Schalter

غرفة جلوس

Wohnzimmer

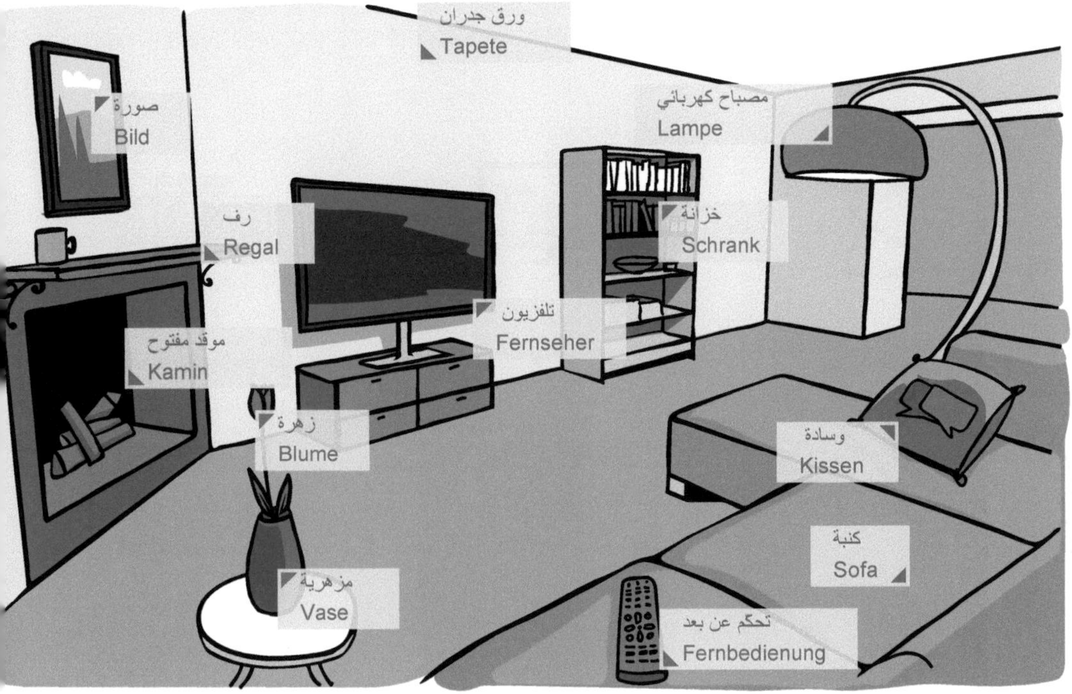

ورق جدران
Tapete
صورة
Bild
مصباح كهربائي
Lampe
رف
Regal
خزانة
Schrank
تلفزيون
Fernseher
موقد مفتوح
Kamin
زهرة
Blume
وسادة
Kissen
كنبة
Sofa
مزهرية
Vase
تحكم عن بعد
Fernbedienung

بصاط

Teppich

ستارة

Vorhang

طاولة

Tisch

كرسي

Stuhl

كرسي هزّاز

Schaukelstuhl

كرسي ذو ذراعين

Sessel

الكتاب

Buch

بطانية

Decke

زخرفة

Dekoration

الحطب

Feuerholz

فيلم

Film

تجهيزات ستيريو

Stereoanlage

مفتاح

Schlüssel

جريدة

Zeitung

لوحة مرسومة

Gemälde

مُلصق

Poster

راديو

Radio

دفتر ملاحظات

Notizblock

المكنسة الكهربائية

Staubsauger

صبّار

Kaktus

شمعة

Kerze

مطبخ
Küche

برّاد
Kühlschrank
ميكروويف
Mikrowelle
ميزان المطبخ
Küchenwaage
محمصة الخبز
Toaster
منظفات
Reinigungsmittel
فرن
Backofen
ثلاجة
Gefrierfach
Mülleimer
جلاية
Geschirrspüler

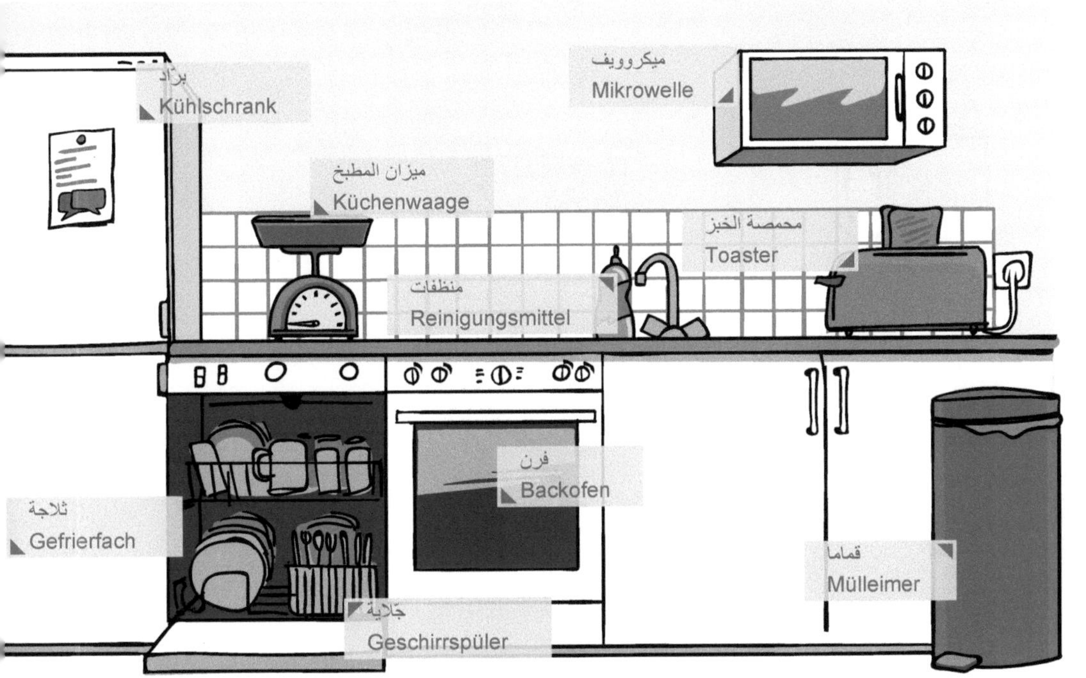

موقد

....

Herd

قِدر

....

Topf

وعاء من الحديد

....

Eisentopf

قدر صيني

....

Wok / Kadai

مقلاة

....

Pfanne

غلاية

....

Wasserkocher

مطبخ - Küche 35

قدر البخار

Dampfgarer

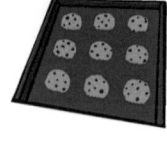

صينية

Backblech

أواني

Geschirr

فنجان

Becher

صحن

Schale

عيدان الأكل

Essstäbchen

مغرفة

Suppenkelle

ملعقة منبسطة

Pfannenwender

خفاقة

Schneebesen

مصفاة

Kochsieb

مصفاة

Sieb

مبشرة

Reibe

هاون

Mörser

شواء

Grill

موقد

Feuerstelle

لوح التقطيع

Schneidebrett

نشّابة

Nudelholz

مفتاح الزجاجات

Korkenzieher

علبة

Dose

مفتاح العلب المعدنية

Dosenöffner

قماش الفرن

Topflappen

مجلى

Waschbecken

فرشاة

Bürste

إسفنج

Schwamm

خلاط

Mixer

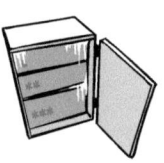

مجمّدة

Gefriertruhe

زجاجة الطفل

Babyflasche

صنبور الماء

Wasserhahn

الحمّام
Badezimmer

تدفئة
Heizung
دوش
Dusche
منشفة
Handtuch
ستارة الدوش
Duschvorhang
حمام رغوة
Schaumbad
حوض الحمام
Badewanne
كأس
Glas
غسالة
Waschmaschine
صنبور الماء
Wasserhahn
بلاط
Fliesen
قفازات مطاطية
Töpfchen
مجلى
Waschbecken

حمام
Toilette

مرحاض القرفصاء
Hocktoilette

حوض التشطيف
Bidet

مبولة
Pissoir

ورق المرحاض
Toilettenpapier

فرشاة الحمام
Toilettenbürste

38 الحمّام - Badezimmer

فرشاة الأسنان

Zahnbürste

معجون الأسنان

Zahnpasta

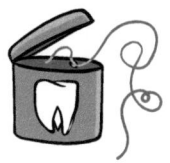

خيط حرير لتنظيف الأسنان

Zahnseide

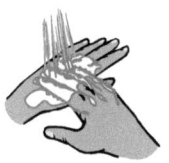

يغسل

waschen

رشاش ماء يدوي

Handbrause

شطاف

Intimdusche

حوض الغسيل

Waschschüssel

فرشاة الظهر

Rückenbürste

صابون

Seife

جيل الدوش

Duschgel

شامبو

Shampoo

ممسحة

Waschlappen

مصرف للماء

Abfluss

مرهم

Creme

مزيل الروائح

Deodorant

مرآة
....
Spiegel

مرآة يد
....
Kosmetikspiegel

موس حلاقة
....
Rasierer

رغوة الحلاقة
....
Rasierschaum

كولونيا
....
Rasierwasser

مشط
....
Kamm

فرشاة
....
Bürste

سشوار
....
Föhn

مثبت للشعر
....
Haarspray

ماكياج
....
Makeup

روج
....
Lippenstift

طلاء أظافر
....
Nagellack

قطن
....
Watte

مقص أظافر
....
Nagelschere

عطر
....
Parfum

سلّة الغسيل
....
Kulturbeutel

مقعد صغير
....
Hocker

ميزان
....
Waage

معطف الحمام
....
Bademantel

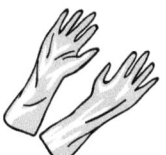

قفازات مطاطية
....
Gummihandschuhe

سدادة قطنية
....
Tampon

منشفة صحية
....
Damenbinde

تواليت كيميائية
....
Chemietoilette

غرفة الأطفال
Kinderzimmer

منبّه
Wecker
الحيوانات المحنطة
Kuscheltier
سيارة لعبة
Spielzeugauto
خشخشة
Rassel
بيت الدمى
Puppenhaus
هدية
Geschenk

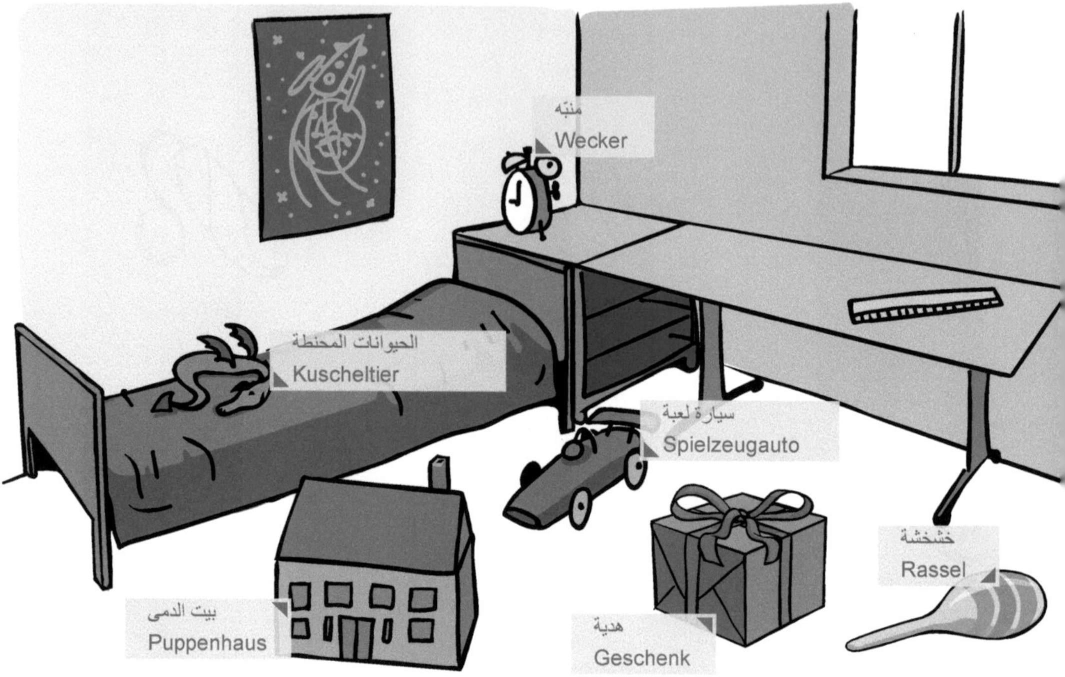

بالون

Ballon

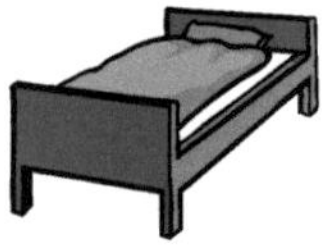

سرير

Bett

عربة الأطفال

Kinderwagen

لعبة الورق

Kartenspiel

أحجية

Puzzle

رسوم هزلية

Comic

أحجار الليغو
....
Legosteine

حجارة تركيب
....
Bausteine

دمية بطل
....
Action Figur

لباس الطفل
....
Strampelanzug

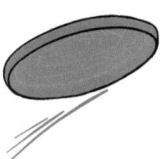

فريسبي
....
Frisbee

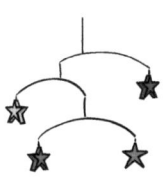

دمية معلّقة
....
Mobile

لعبة الطاولة
....
Brettspiel

لعبة النرد
....
Würfel

لعبة قطار
....
Modelleisenbahn

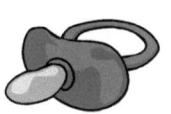

مصّاصة
....
Schnuller

حفلة
....
Party

كتاب مصوّر
....
Bilderbuch

كرة
....
Ball

دمية
....
Puppe

يلعب
....
spielen

ملعب رملي للأطفال

Sandkasten

أرجوحة

Schaukel

لعبة

Spielzeug

ألعاب فيديو

Spielkonsole

دراجة ثلاثية

Dreirad

دمية على شكل الدب

Teddy

خزانة الثياب

Kleiderschrank

ثياب

Kleidung

جوارب قصيرة

Socken

جوارب طويلة

Strümpfe

جورب بنطلون

Strumpfhose

شال
Schal

حزام
Gürtel

شمسية
Regenschirm

تي شيرت
T-Shirt

حذاء شتوي
Stiefel

شبشب
Hausschuhe

أحذية رياضية
Turnschuhe

صندل
....
Sandalen

حذاء
....
Schuhe

جزمة كاوتشوك
....
Gummistiefel

سروال داخلي
....
Unterhose

صدّارة
....
Büstenhalter

قميص داخلي
....
Unterhemd

لباس ملاصق للجسم

Body

بنطلون

Hose

جينز

Jeans

تنورة

Rock

بلوزة

Bluse

قميص

Hemd

سترة قطنية

Pullover

كنزة كم طويل

Kapuzenpullover

سترة فضفاضة

Blazer

سترة

Jacke

معطف

Mantel

معطف مطري

Regenmantel

زي - طقم نسائي

Kostüm

ثوب

Kleid

ثوب الزفاف

Hochzeitskleid

طقم

Anzug

قميص نوم

Nachthemd

بيجاما

Schlafanzug

ساري

Sari

حجاب

Kopftuch

عمامة

Turban

برقع

Burka

قفطان

Kaftan

عباءة

Abaya

مايوه

Badeanzug

سروال سباحة

Badehose

شرت

Kurze Hose

بدلة رياضية

Trainingsanzug

مئزر

Schürze

قفازات

Handschuhe

زر
....
Knopf

نظّارة
....
Brille

إسوارة
....
Armband

عقد
....
Halskette

خاتم
....
Ring

قرط
....
Ohrring

طاقيّة
....
Mütze

علاقة ثياب
....
Kleiderbügel

قبّعة
....
Hut

ربطة العنق
....
Krawatte

سحّاب
....
Reißverschluss

خوذة
....
Helm

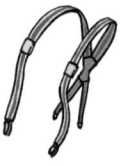

حمّالة البنطلون
....
Hosenträger

اللباس المدرسي
....
Schuluniform

زي موحّد
....
Uniform

مريلة الأطفال

Lätzchen

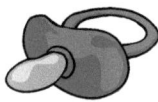

مصّاصة

Schnuller

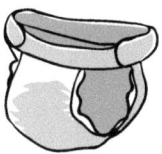

لفافة

Windel

مكتب

Büro

المخدّم
Server
خزانة الملفات
Aktenschrank
طابعة
Drucker
ورقة
Papier
شاشة
Monitor
فارة
Maus
طاولة المكتب
Schreibtisch
ملف
Ordner
لوحة المفاتيح
Tastatur
قماما
Papierkorb
حاسوب
Computer
كرسي
Stuhl

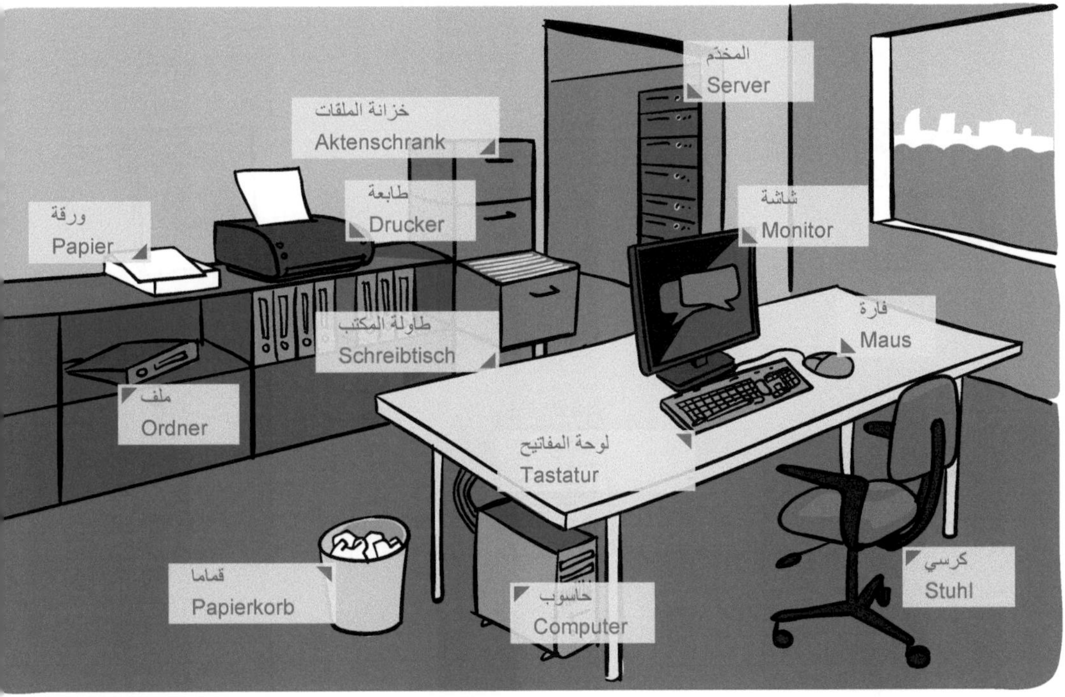

كأس من القهوة

Kaffeebecher

الآلة الحاسبة

Taschenrechner

الإنترنت

Internet

الحاسوب المحمول

Laptop

رسالة

Brief

خبر

Nachricht

الهاتف المحمول

Handy

شبكة

Netzwerk

جهاز تصوير

Kopierer

البرمجيات

Software

هاتف

Telefon

مقبس كهربائي

Steckdose

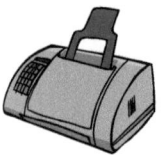

فاكس

Fax

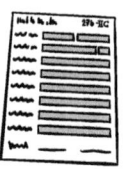

استمارة

Formular

وثيقة

Dokument

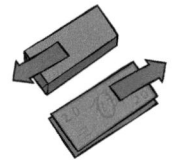

يشتري
....
kaufen

يدفع
....
bezahlen

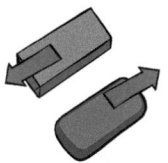

يتاجر
....
handeln

مال
....
Geld

دولار
....
Dollar

يورو
....
Euro

ين
....
Yen

روبل
....
Rubel

فرنك سويسري
....
Franken

يوان
....
Renminbi Yuan

روبية
....
Rupie

صرّاف آلي
....
Geldautomat

مكتب صرافة

Wechselstube

ذهب

Gold

فضة

Silber

نفط

Öl

طاقة

Energie

سعر

Preis

عقد

Vertrag

ضريبة

Steuer

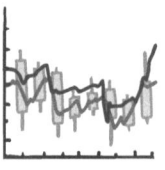

سهم

Aktie

يعمل

arbeiten

موظف

Angestellter

رب العمل

Arbeitgeber

مصنع

Fabrik

متجر

Geschäft

الشرطي
Polizist
رجل إطفاء
Feuerwehrmann
طبّاخ
Koch
الطبيب
Arzt
طيّار
Pilot

بستاني
Gärtner

نجّار
Tischler

خيّاطة
Näherin

قاضٍ
Richter

كيميائي
Chemiker

ممثل
Schauspieler

سائق حافلة
....
Busfahrer

سائق تاكسي
....
Taxifahrer

صياد سمك
....
Fischer

أجيرة للتنظيف
....
Putzfrau

بنّاء سقف
....
Dachdecker

نادل
....
Kellner

صيّاد
....
Jäger

رسّام
....
Maler

خباز
....
Bäcker

كهربائي
....
Elektriker

عامل بناء
....
Bauarbeiter

مهندس
....
Ingenieur

لحّام
....
Schlachter

سمكري
....
Klempner

ساعي البريد
....
Postbote

جندي

Soldat

مهندس معماري

Architekt

أمين صندوق

Kassierer

بائع الزهور

Florist

حلاق

Friseur

مراقب القطار

Schaffner

ميكانيكي

Mechaniker

قبطان

Kapitän

طبيب أسنان

Zahnarzt

رجل العلم

Wissenschaftler

حاخام

Rabbi

إمام

Imam

راهب

Mönch

كاهن

Geistlicher

عدة عمل

Werkzeuge

كماشة
Zange
مطرقة
Hammer
مفك البراغي
Schraubendreher
مفتاح ربط
Schraubenschlüssel
مصباح يد
Taschenlampe

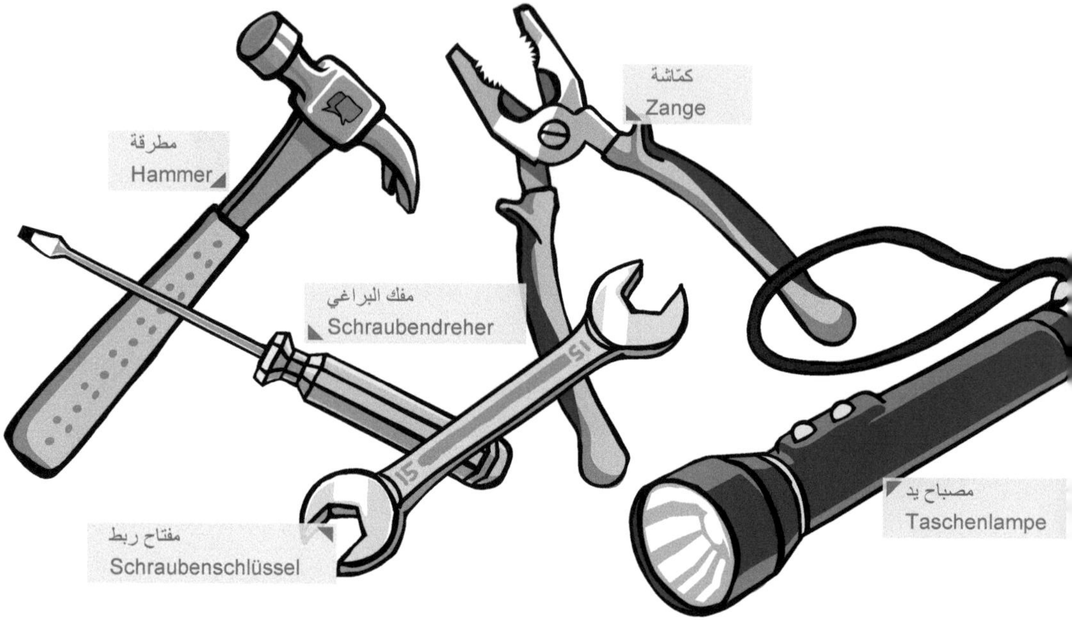

جرافة

Bagger

صندوق العدة

Werkzeugkasten

سلّم

Leiter

منشار

Säge

مسامير

Nägel

مثقب

Bohrer

يصلح

reparieren

مجرفة

Schaufel

اللعنة

Mist!

لقاطة الكناسة

Kehrblech

سطل الألوان

Farbtopf

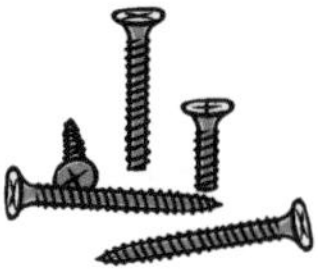

براغي

Schrauben

آلات موسيقية

Musikinstrumente

مكبر الصوت
Lautsprecher
آلات الإيقاع
Schlagzeug
غيتار
Gitarre
كمان أجهر
Kontrabass
بوق
Trompete

بيانو

Klavier

كمنجة

Violine

جهير

Bass

طبل كبير

Pauke

طبل

Trommeln

بيانو كهربائي

Keyboard

ساكسوفون

Saxophon

ناي

Flöte

ميكروفون

Mikrofon

حديقة حيوانات

Zoo

مدخل
Eingang
نمر
Tiger
قفص
Käfig
حمار الوحش
Zebra
علف للحيوانات
Tierfutter
دب باندا
Panda

حيوانات

Tiere

فيل

Elefant

كنغر

Känguru

وحيد القرن

Nashorn

غوريلا

Gorilla

دب

Bär

جمل

Kamel

نعامة

Strauß

أسد

Löwe

قرد

Affe

طائر فلامينغو

Flamingo

ببغاء

Papagei

دب قطبي

Eisbär

بطريق

Pinguin

سمك القرش

Hai

طاووس

Pfau

أفعى

Schlange

تمساح

Krokodil

حارس في حديقة الحيوان

Zoowärter

عجل البحر

Robbe

نمر أمريكي مرقط

Jaguar

فرس قزم

Pony

نمر

Leopard

فرس النهر

Nilpferd

زرافة

Giraffe

نسر

Adler

خنزير برّي

Wildschwein

سمك

Fisch

سلحفاة

Schildkröte

حيوان فظ البحري

Walross

ثعلب

Fuchs

غزال

Gazelle

رياضة

Sport

كرة القدم الأمريكية
American Football
ركوب الدراجات
Radfahren
كرة التنس
Tennis
كرة السلة
Basketball
السباحة
Schwimmen
الملاكمة
Boxen
هوكي الجليد
Eishockey

كرة القدم

Fußball

الريشة الطائرة

Badminton

ألعاب القوى الخفيفة

Leichtathletik

كرة اليد

Handball

التزلج على الثلج

Skilaufen

بولو

Polo

يقفز
springen

يعانق
umarmen

يضحك
lachen

يمشي
gehen

يغني
singen

يحلم
träumen

يصلّي
beten

يقبل
küssen

يكتب
schreiben

يرسم
zeichnen

يُري
zeigen

يدفع
drücken

يعطي
geben

يأخذ
nehmen

يملك
....
haben

يعمل
....
tun

يوجد
....
sein

يقف
....
stehen

يركض
....
laufen

يسحب
....
ziehen

يرمي
....
werfen

يقع
....
fallen

يستلقي
....
liegen

ينتظر
....
warten

يحمل
....
tragen

يجلس
....
sitzen

يلبس
....
anziehen

ينام
....
schlafen

يستيقظ
....
aufwachen

ينظر إلى ..

....

ansehen

يبكي

....

weinen

يمسّد

....

streicheln

يمشّط

....

kämmen

يتكلم

....

reden

يفهم

....

verstehen

يسأل

....

fragen

يسمع

....

hören

يشرب

....

trinken

يأكل

....

essen

يرتب

....

aufräumen

يحب

....

lieben

يطبخ

....

kochen

يقود

....

fahren

يطير

....

fliegen

يبحر بزورق شراعي

segeln

يحسب

rechnen

يقرأ

lesen

يتعلم

lernen

يعمل

arbeiten

يتزوج

heiraten

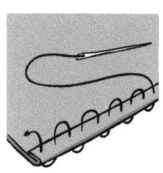

يخيط

nähen

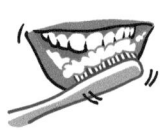

ينظف أسنانه

Zähne putzen

يقتل

töten

يدخّن

rauchen

يرسل

senden

عائلة

Familie

جدّة
Großmutter
جد
Großvater
أب
Vater
أم
Mutter
الطفل
Baby
ابنة
Tochter
ابن
Sohn

ضيف

Gast

عمّة / خالة

Tante

عمّ / خال

Onkel

أخ

Bruder

أخت

Schwester

الجسم
Körper

الجبين
Stirn
العين
Auge
الكتف
Schulter
الإصبع
Finger
الوجه
Gesicht
الذقن
Kinn
اليد
Hand
الساق
Bein
الصدر
Brust
الذراع
Arm

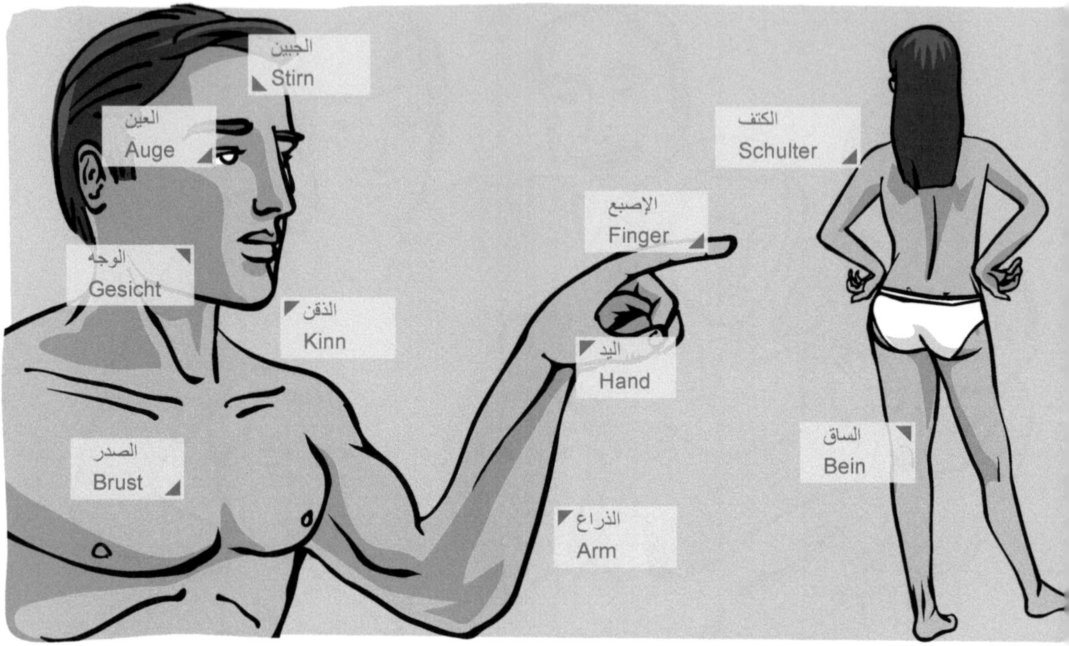

الطفل

Baby

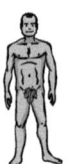

الرجل

Mann

المرأة

Frau

البنت

Mädchen

الولد

Junge

الرأس

Kopf

الظهر
....
Rücken

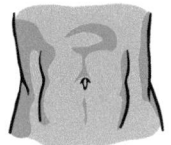

البطن
....
Bauch

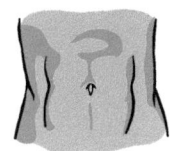

السرّة
....
Nabel

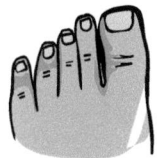

إصبع القدم
....
Zeh

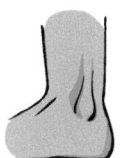

الكعب
....
Ferse

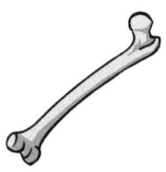

العظم
....
Knochen

الورك
....
Hüfte

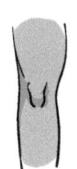

الركبة
....
Knie

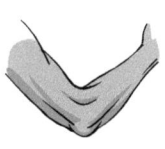

المِرفق
....
Ellenbogen

الأنف
....
Nase

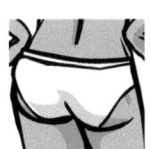

العَجُز
....
Gesäß

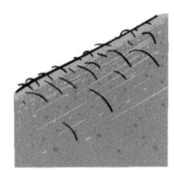

البشرة
....
Haut

الخد
....
Wange

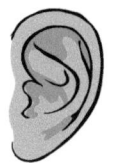

الأذن
....
Ohr

الشفة
....
Lippe

الفم

Mund

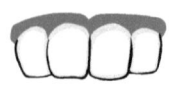

السن

Zahn

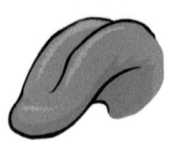

اللسان

Zunge

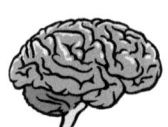

الدماغ

Gehirn

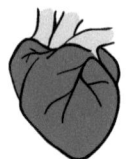

القلب

Herz

العضلة

Muskel

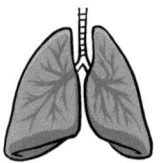

الرئة

Lunge

الكبد

Leber

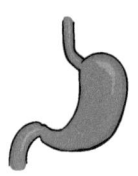

المعدة

Magen

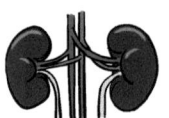

الكِلى

Nieren

الاتصال الجنسي

Geschlechtsverkehr

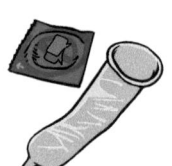

الواقي المطاطي

Kondom

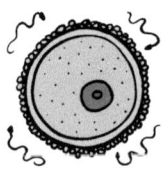

البويضة

Eizelle

المنيّ

Sperma

الحمل

Schwangerschaft

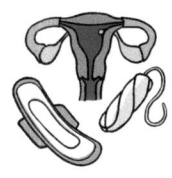

الحيض

Menstruation

المهبل

Vagina

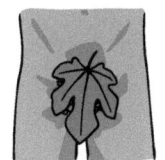

القضيب

Penis

الحاجب

Augenbraue

الشعر

Haar

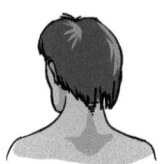

الرقبة

Hals

المستشفى
Krankenhaus

Krankenhaus
سيارة الإسعاف
Krankenwagen
الكرسي المتحرك
Rollstuhl
كسر
Bruch

الطبيب

Arzt

غرفة الإسعاف

Notaufnahme

الممرضة

Krankenschwester

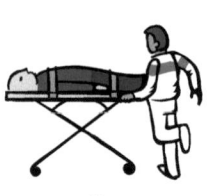

حالة

Notfall

مغمى عليه

ohnmächtig

الألم

Schmerz

72 المستشفى - Krankenhaus

إصابة

Verletzung

النزيف

Blutung

احتشاء القلب

Herzinfarkt

جلطة

Schlaganfall

حسسية

Allergie

السعال

Husten

الحُمّى

Fieber

إنفلونزا

Grippe

الإسهال

Durchfall

وجع الرأس

Kopfschmerzen

السرطان

Krebs

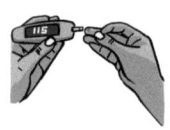

مرض السكر

Diabetis

جرّاح

Chirurg

مبضع

Skalpell

عملية

Operation

سيتي سكان

CT

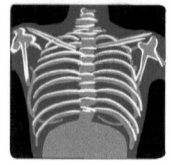

الأشعة السينية

Röntgen

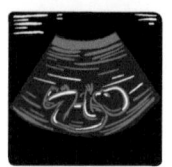

فوق الصوتي

Ultraschall

القناع

Maske

المرض

Krankheit

غرفة الانتظار

Wartezimmer

العُكاز

Krücke

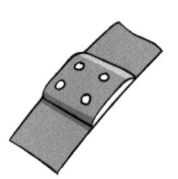

شريط لاصق

Pflaster

ضماد

Verband

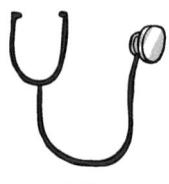

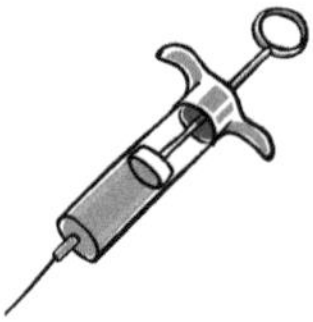

حقنة

Injektion

سمّاعة الطبيب

Stethoskop

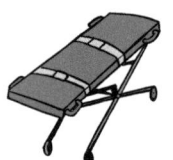

نقالة

Trage

ميزان حرارة

Thermometer

ولادة

Geburt

وزن زائد

Übergewicht

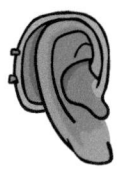

جهاز السمع

Hörgerät

المواد المعقمة

Desinfektionsmittel

عدوى

Infektion

فيروس

Virus

الإيدز

HIV / AIDS

الطب

Medizin

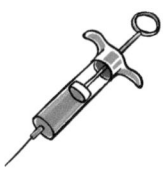

اللقاح

Impfung

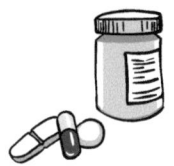

أقراص الدواء

Tabletten

حبّة الدواء

Pille

نداء النجدة

Notruf

مقياس ضغط الدم

Blutdruck-Messgerät

مريض / صحيح

krank / gesund

حالة

Notfall

النجدة!

Hilfe!

إنذار

Alarm

اعتداء

Überfall

هجوم

Angriff

خطر

Gefahr

مخرج طوارئ

Notausgang

حريق!

Feuer!

جهاز الإطفاء

Feuerlöscher

حادث

Unfall

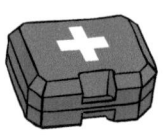

حقيبة الإسعاف الأولي

Erste-Hilfe-Koffer

أنقذونا

SOS

الشرطة

Polizei

أرض
Erde

أوروبا

Europa

أمريكا الشمالية

Nordamerika

أمريكا الجنوبية

Südamerika

أفريقيا

Afrika

آسيا

Asien

أستراليا

Australien

المحيط الأطلسي

Atlantik

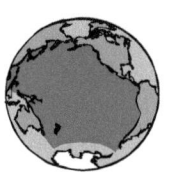

المحيط الهادي

Pazifik

المحيط الهندي

Indischer Ozean

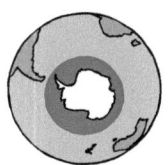

المحيط المتجمد الجنوبي

Antarktischer Ozean

المحيط المتجمد الشمالي

Arktischer Ozean

القطب الشمالي

Nordpol

القطب الجنوبي
....
Südpol

منطقة القطب الجنوبي
....
Antarktis

أرض
....
Erde

بر
....
Land

بحر
....
Meer

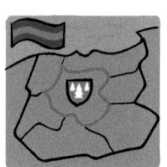

جزيرة
....
Insel

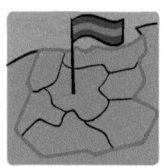

أمة
....
Nation

دولة
....
Staat

ساعة

Uhr

ميناء الساعة

Zifferblatt

عقرب الساعات

Stundenzeiger

عقرب الدقائق

Minutenzeiger

عقرب الثواني

Sekundenzeiger

كم الساعة الآن؟

Wie spät ist es?

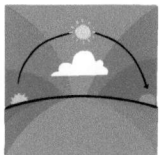

يوم

Tag

زمن

Zeit

الآن

jetzt

ساعة رقمية

Digitaluhr

دقيقة

Minute

ساعة

Stunde

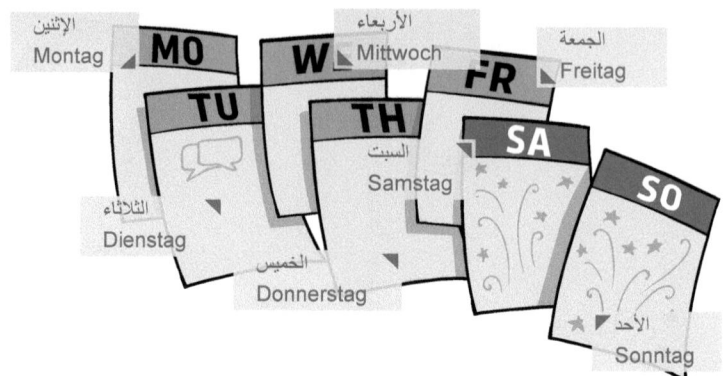

أسبوع

Woche

الإثنين
Montag
MO
الثلاثاء
Dienstag
الأربعاء
Mittwoch
W
الخميس
Donnerstag
الجمعة
Freitag
FR
السبت
Samstag
SA
الأحد
Sonntag
SO

MON

الأمس

gestern

اليوم

heute

غداً

morgen

الصباح

Morgen

الظهر

Mittag

المساء

Abend

أيام العمل

Arbeitstage

نهاية الأسبوع

Wochenende

سنة

Jahr

قوس قزح
Regenbogen
مطر
Regen
ثلج
Schnee
ريح
Wind
الربيع
Frühling
الخريف
Herbst
الصيف
Sommer
الشتاء
Winter

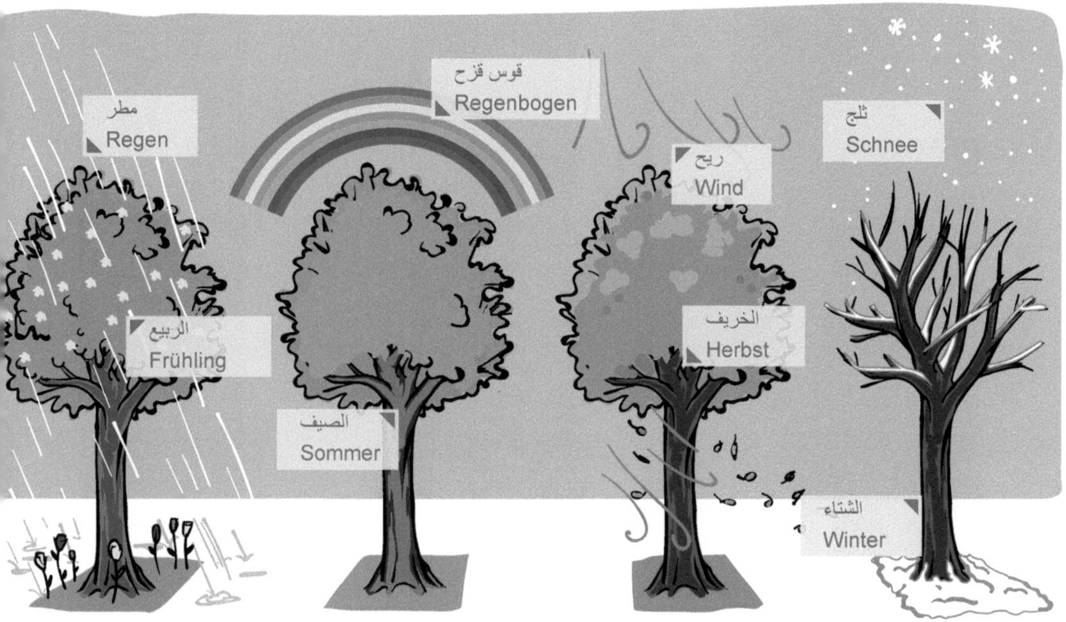

التنبّؤ بالحالة الجوية

Wettervorhersage

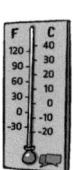

مقياس حرارة

Thermometer

ضوء الشمس

Sonnenschein

سحابة

Wolke

ضباب

Nebel

رطوبة الجو

Luftfeuchtigkeit

برق

Blitz

رعد

Donner

عاصفة

Sturm

بَرَد

Hagel

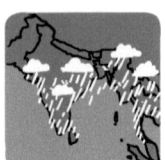

ريح موسمية

Monsun

طوفان

Flut

جليد

Eis

كانون الثاني / يناير

Januar

شباط / فبراير

Februar

آذار / مارس

März

نيسان / أبريل

April

أيار / مايو

Mai

حزيران / يونيو

Juni

تموز / يوليو

Juli

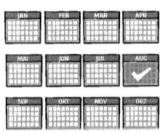

آب / أغسطس

August

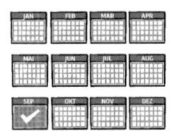

أيلول / سبتمبر
....
September

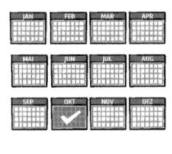

تشرين الأول / أكتوبر
....
Oktober

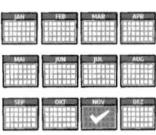

تشرين الثاني / نوفمبر
....
November

كانون الأول / ديسمبر
....
Dezember

أشكال

Formen

دائرة
....
Kreis

مربّع
....
Quadrat

مستطيل
....
Rechteck

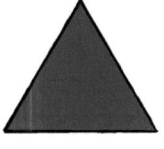

مثلّث
....
Dreieck

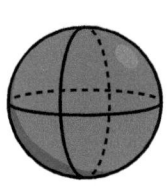

كرة
....
Kugel

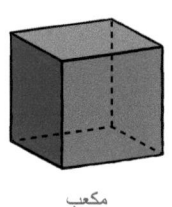

مكعب
....
Würfel

ألوان

Farben

أبيض

weiß

أصفر

gelb

برتقالي

orange

وردي

pink

أحمر

rot

بنفسجي

lila

أزرق

blau

أخضر

grün

بنّي

braun

رمادي

grau

أسود

schwarz

الأضداد
Gegenteile

كثير / قليل

viel / wenig

غضبان / هادئ

wütend / friedlich

جميل / قبيح

hübsch / hässlich

بداية / نهاية

Anfang / Ende

كبير / صغير

groß / klein

فاتح / قاتم

hell / dunkel

أخ / أخت

Bruder / Schwester

نظيف / وسخ

sauber / schmutzig

كامل / ناقص

vollständig / unvollständig

نهار / ليل

Tag / Nacht

ميت / حيّ

tot / lebendig

عريض / ضيّق

breit / schmal

صالح للأكل / غير صالح

genießbar / ungenießbar

شرّير / لطيف

böse / freundlich

مثير / ممل

aufgeregt / gelangweilt

سمين / نحيف

dick / dünn

أولاً / أخيراً

zuerst / zuletzt

صديق / عدو

Freund / Feind

مليء / فارغ

voll / leer

صلب / ليّن

hart / weich

ثقيل / خفيف

schwer / leicht

جوع / عطش

Hunger / Durst

مريض / صحيح

krank / gesund

غير شرعي / شرعي

illegal / legal

ذكي / غبي

intelligent / dumm

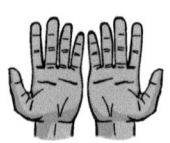

يسار / يمين

links / rechts

قريب / بعيد

nah / fern

جديد / مستعمل
....
neu / gebraucht

لا شيء / بعض الشيء
....
nichts / etwas

مسن / شاب
....
alt / jung

يشعل / يطفئ
....
an / aus

مفتوح / مغلق
....
offen / geschlossen

خافت / عالٍ
....
leise / laut

غني / فقير
....
reich / arm

صح / خطأ
....
richtig / falsch

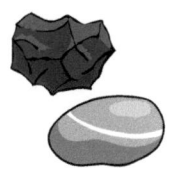

أحرش / املس
....
rau / glatt

حزين / سعيد
....
traurig / glücklich

قصير / طويل
....
kurz / lang

بطيء / سريع
....
langsam / schnell

مبلول / جاف
....
nass / trocken

ساخن / بارد
....
warm / kühl

حرب / سلم
....
Krieg / Frieden

أرقام
Zahlen

0

صفر

null

1

واحد

eins

2

اثنان

zwei

3

ثلاثة

drei

4

أربعة

vier

5

خمسة

fünf

6

ستة

sechs

7

سبعة

sieben

8

ثمانية

acht

9

تسعة

neun

10

عشرة

zehn

11

أحد عشر

elf

12

اثنا عشر

zwölf

13

ثلاثة عشر

dreizehn

14

أربعة عشر

vierzehn

15

خمسة عشر

fünfzehn

16

ستة عشر

sechzehn

17

سبعة عشر

siebzehn

18

ثمانية عشر

achtzehn

19

تسعة عشر

neunzehn

20

عشرون

zwanzig

100

مائة

hundert

1.000

ألف

tausend

1.000.000

مليون

million

Sprachen

الإنكليزية

Englisch

الإنكليزية الأمريكية

Amerikanisches Englisch

لغة ماندارين الصينية

Chinesisch Mandarin

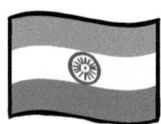

الهندية

Hindi

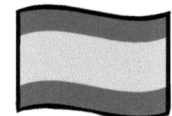

الإسبانية

Spanisch

الفرنسية

Französisch

العربية

Arabisch

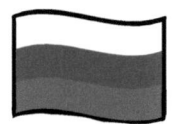

الروسية

Russisch

البرتغالية

Portugiesisch

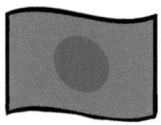

البنغالية

Bengalisch

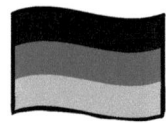

الألمانية

Deutsch

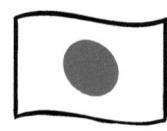

اليابانية

Japanisch

من / ماذا / كيف

wer / was / wie

أنا

ich

أنت

du

هو / هي

er / sie / es

نحن

wir

أنتم

ihr

هم

sie

من؟

wer?

ماذا؟

was?

كيف؟

wie?

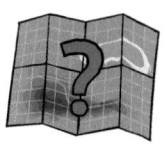

أين؟

wo?

متى؟

wann?

اسم

Name

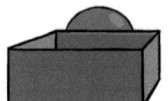

أين

wo

خلف

hinter

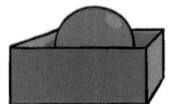

في

in

أمام

vor

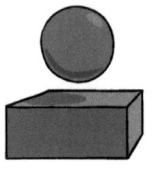

فوق

über

على

auf

تحت

unter

جنب

neben

بين

zwischen

مكان

Ort